La Pittrice di Nuvole: Inglese per Bambini

My Pommeline

Published by My Pommeline, 2024.

While every precaution has been taken in the preparation of this book, the publisher assumes no responsibility for errors or omissions, or for damages resulting from the use of the information contained herein.

LA PITTRICE DI NUVOLE: INGLESE PER BAMBINI

First edition. October 27, 2024.

Copyright © 2024 My Pommeline.

ISBN: 979-8224123568

Written by My Pommeline.

Table of Contents

Milo's Midnight Monster 1

Il Mostro di Mezzanotte di Milo 7

The Boy and the Bear 13

Il Ragazzo e l'Orso 17

The Little Dog with Big Dreams 23

Il Piccolo Cane con Grandi Sogni 27

The Pirate and the Secret Island 31

Il Pirata e l'Isola Segreta 35

The Tree That Could Sing 39

L'Albero Che Poteva Cantare 43

The Cloud Painter 47

La Pittrice di Nuvole 51

The Adventure of Leo the Lost Lion 55

L'Avventura di Leo il Leone Smarrito 59

Milo's Midnight Monster

Milo was a timid boy, the kind who always double-checked the lock on his window and needed a nightlight to sleep. The dark scared him more than anything else. It crept into his room like a shadowy beast, lurking in every corner, hiding under his bed, and making him feel small and helpless.

Every night, Milo would lie under his blanket, clutching his teddy bear, Bear-Bear, for comfort. He was convinced there was something under his bed, but every time he asked his parents to check, they found nothing. "It's just your imagination," they'd say, kissing him on the forehead before turning off the light. But Milo wasn't so sure.

One particularly dark and stormy night, something strange happened. As Milo lay in bed, trying to fall asleep, he heard a noise—an odd, muffled sound coming from under his bed. His heart raced. What was that?

He pulled the blanket over his head, squeezing Bear-Bear tightly, when suddenly, there it was again—a soft whimper.

It wasn't the growl of a scary monster like he imagined. It was more like... crying?

Milo's curiosity got the better of him. Slowly, he peeked over the edge of the bed and whispered, "H-hello?"

To his surprise, a pair of large, glowing eyes peeked back at him from the darkness beneath the bed. Milo gasped and jumped back, covering his mouth to stifle a scream. But then, the voice spoke—a high-pitched, trembling voice.

"P-please don't be scared of me. I'm s-so frightened!" the creature said, sniffling.

Milo blinked. "Wait... you're scared?"

The eyes blinked back at him, and then, very slowly, a small, furry creature crawled out from under the bed. It wasn't at all like the horrible monster Milo had always imagined. In fact, it looked more like a large, fuzzy ball with tiny horns and floppy ears. Its big round eyes were wet with tears, and its knees were shaking.

"Yes!" the creature squeaked. "I'm terrified! The moon is so bright, and I thought I saw a shadow that looked like a ghost. And—and there's a loud storm outside! I don't like the dark either!"

Milo stared at the creature, his fear slowly melting away. "You're scared of the dark too?"

The monster nodded, wiping its tears with a fluffy paw. "I'm scared of everything! My name is Boo, by the way. I live under your bed, but I've been too afraid to come out before."

Milo couldn't believe it. Here he was, terrified of the monster under his bed, only to find out that the monster was even more scared than he was!

"I'm Milo," he said, sitting up a little straighter. "So, um, what are you scared of exactly?"

"Oh, everything!" Boo wailed dramatically. "The moon, the shadows, the creaky floorboards, my own reflection! Sometimes I even get scared of my own tail when it moves too quickly."

Milo giggled despite himself. "Your own tail?"

Boo nodded solemnly. "Yes, it's quite a menace."

For the first time in as long as he could remember, Milo didn't feel so scared anymore. If Boo, a real-life monster, was afraid of things like the moon and his tail, then maybe the dark wasn't as scary as he thought.

"I'll tell you what," Milo said, feeling braver. "How about we help each other? I'll help you not be scared, and you can help me."

Boo's eyes widened. "You would do that? Oh, thank you, Milo! That would be wonderful!"

And so, Milo and Boo made a pact: they would face their fears together, one funny misadventure at a time.

The next night, as Milo prepared for bed, Boo poked his head out from under the bed, looking around nervously. "Is—is it safe to come out?"

"It's safe," Milo said with a grin. "Come on, let's start with the moon."

Boo crawled out, trembling as he looked at the bright full moon shining through the window. "It's so big! What if it falls on us?"

Milo laughed. "The moon won't fall, Boo. It's really far away. Besides, it's just a big rock in space."

"Are you sure?" Boo asked, still trembling.

"Positive," Milo said, opening the curtains wide so Boo could get a better look. "See? Nothing to be scared of."

Boo squinted at the moon. "Well, I suppose it doesn't look so scary from here... But what about the shadows? They're still moving!"

Milo took a deep breath. Shadows had always scared him too, but now he saw them differently. "Shadows are just what happens when something blocks the light," he explained. "They can't hurt you."

To prove his point, Milo waved his arm in front of the nightlight, creating a dancing shadow on the wall. "See? It's just me."

Boo watched in awe. "Oh! I see it now! Shadows are kind of fun!"

Feeling more confident, Milo and Boo continued their nightly routines, tackling each fear one by one. When the floorboards creaked, they imagined it was a friendly ghost just saying hello. When the wind howled, they pretended it was singing a lullaby. And when Boo saw his reflection in the mirror and panicked, Milo showed him how to make funny faces until they were both laughing so hard their sides hurt.

Every night brought new challenges, but Milo and Boo faced them together. They even started looking forward to bedtime, knowing they'd have another adventure waiting for them. Milo's parents were amazed at how much braver he had become.

One night, as Milo lay in bed, he realized something. "You know, Boo, I'm not scared of the dark anymore."

Boo smiled, his big eyes glowing softly in the night. "Me neither, Milo. Not with you around."

Milo smiled back. "Goodnight, Boo."

"Goodnight, Milo," Boo whispered, crawling back under the bed. But this time, it wasn't to hide—it was just his cozy little home.

And with that, Milo drifted off to sleep, no longer afraid of the dark, knowing that even the scariest monsters can be afraid too—and that sometimes, facing your fears is a lot easier when you have a friend by your side.

Il Mostro di Mezzanotte di Milo

Milo era un ragazzo timido, di quelli che controllano sempre due volte la serratura della finestra e hanno bisogno di una luce notturna per dormire. Il buio lo spaventava più di ogni altra cosa. Si infiltrava nella sua stanza come una bestia ombrosa, nascondendosi in ogni angolo, sotto il letto, facendolo sentire piccolo e impotente.

Ogni notte, Milo si sdraiava sotto la coperta, stringendo il suo orsacchiotto, Bear-Bear, per trovare conforto. Era convinto che ci fosse qualcosa sotto il suo letto, ma ogni volta che chiedeva ai suoi genitori di controllare, non trovavano nulla. "È solo la tua immaginazione," dicevano, baciandolo sulla fronte prima di spegnere la luce. Ma Milo non era così sicuro.

Una notte particolarmente buia e tempestosa, accadde qualcosa di strano. Mentre Milo era sdraiato a letto, cercando di addormentarsi, sentì un rumore—un suono strano e attutito proveniente da sotto il suo letto. Il suo cuore cominciò a battere forte. Cos'era?

Tirò la coperta sopra la testa, stringendo Bear-Bear forte, quando all'improvviso lo sentì di nuovo—un debole guaito.

Non era il ringhio di un mostro spaventoso come lo immaginava. Era più simile a... un pianto?

La curiosità di Milo ebbe il sopravvento. Lentamente, sbirciò oltre il bordo del letto e sussurrò, "C-ciao?"

Con sua sorpresa, un paio di grandi occhi luminosi si affacciarono dall'oscurità sotto il letto. Milo trattenne il respiro e saltò indietro, coprendosi la bocca per soffocare un urlo. Ma poi, la voce parlò—una voce alta e tremante.

"P-per favore, non aver paura di me. Sono t-tanto spaventato!" disse la creatura, singhiozzando.

Milo sbatté le palpebre. "Aspetta... hai paura?"

Gli occhi batterono le palpebre a loro volta, e poi, molto lentamente, una piccola creatura pelosa strisciò fuori da sotto il letto. Non era affatto come il terribile mostro che Milo aveva sempre immaginato. In effetti, sembrava più un grande pallone peloso con piccole corna e orecchie flosce. I suoi grandi occhi rotondi erano bagnati di lacrime e le sue ginocchia tremavano.

"Sì!" squittì la creatura. "Ho paura! La luna è così luminosa, e ho pensato di aver visto un'ombra che sembrava un fantasma. E—e c'è una tempesta forte fuori! Anche a me non piace il buio!"

Milo fissò la creatura, la sua paura che lentamente svaniva. "Hai paura del buio anche tu?"

Il mostro annuì, asciugandosi le lacrime con una zampa pelosa. "Ho paura di tutto! Mi chiamo Boo, a proposito. Vivo sotto il tuo letto, ma prima ero troppo spaventato per uscire."

Milo non poteva crederci. Ecco che si trovava, terrorizzato dal mostro sotto il letto, solo per scoprire che il mostro era ancora più spaventato di lui!

"Io sono Milo," disse, sedendosi un po' più dritto. "Quindi, um, di cosa hai paura esattamente?"

"Oh, di tutto!" pianse Boo drammaticamente. "La luna, le ombre, le tavole del pavimento che scricchiolano, il mio stesso riflesso! A volte ho persino paura della mia coda quando si muove troppo in fretta."

Milo ridacchiò nonostante se stesso. "La tua coda?"

Boo annuì solennemente. "Sì, è davvero un pericolo."

Per la prima volta da quanto ricordava, Milo non si sentiva più così spaventato. Se Boo, un mostro in carne e ossa, aveva paura di cose come la luna e la sua coda, allora forse il buio non era così spaventoso come pensava.

"Ti dirò cosa," disse Milo, sentendosi più coraggioso. "Che ne dici di aiutarci a vicenda? Io ti aiuto a non avere paura e tu puoi aiutare me."

Gli occhi di Boo si allargarono. "Faresti davvero così? Oh, grazie, Milo! Sarebbe fantastico!"

E così, Milo e Boo fecero un patto: avrebbero affrontato le loro paure insieme, una divertente avventura alla volta.

La notte seguente, mentre Milo si preparava per andare a letto, Boo spuntò la testa da sotto il letto, guardandosi intorno nervosamente. "È—è sicuro uscire?"

"È sicuro," disse Milo con un sorriso. "Dai, cominciamo con la luna."

Boo strisciò fuori, tremando mentre guardava la grande luna piena che brillava attraverso la finestra. "È così grande! E se ci cadesse addosso?"

Milo rise. "La luna non cadrà, Boo. È davvero molto lontana. Inoltre, è solo un grande sasso nello spazio."

"Sei sicuro?" chiese Boo, ancora tremante.

"Positivo," disse Milo, aprendo le tende in modo che Boo potesse vedere meglio. "Vedi? Non c'è nulla di cui avere paura."

Boo strizzò gli occhi verso la luna. "Beh, suppongo che da qui non sembri così spaventosa... Ma che dire delle ombre? Stanno ancora muovendosi!"

Milo fece un respiro profondo. Le ombre avevano sempre spaventato anche lui, ma ora le vedeva in modo diverso. "Le ombre sono solo quello che succede quando qualcosa blocca la luce," spiegò. "Non possono farti del male."

Per dimostrare il suo punto, Milo mosse il braccio davanti alla luce notturna, creando un'ombra danzante sulla parete. "Vedi? Sono solo io."

Boo guardò in soggezione. "Oh! Ora lo vedo! Le ombre sono un po' divertenti!"

Sentendosi più sicuro, Milo e Boo continuarono le loro routine notturne, affrontando ogni paura una alla volta. Quando le tavole scricchiolavano, immaginavano che fosse un fantasma amichevole che diceva solo ciao. Quando il vento ululava, fingevano che stesse cantando una ninna nanna. E quando Boo vide il suo riflesso nello specchio e andò nel panico, Milo gli mostrò come fare facce buffe finché entrambi non risero così tanto che gli facevano male i fianchi.

Ogni notte portava nuove sfide, ma Milo e Boo le affrontarono insieme. Iniziarono persino a non vedere l'ora di andare a letto, sapendo che avrebbero avuto un'altra avventura ad aspettarli. I genitori di Milo erano stupiti di quanto fosse diventato più coraggioso.

Una notte, mentre Milo era sdraiato a letto, si rese conto di qualcosa. "Sai, Boo, non ho più paura del buio."

Boo sorrise, i suoi grandi occhi che brillavano dolcemente nella notte. "Nemmeno io, Milo. Non con te intorno."

Milo sorrise di rimando. "Buonanotte, Boo."

"Buonanotte, Milo," sussurrò Boo, strisciando di nuovo sotto il letto. Ma questa volta, non era per nascondersi—era solo la sua comoda casetta.

E con questo, Milo si addormentò, non più spaventato dal buio, sapendo che anche i mostri più spaventosi possono avere paura—e che a volte, affrontare le proprie paure è molto più facile quando hai un amico al tuo fianco.

The Boy and the Bear

There once was a boy who felt lost, though he was never far from home. He was lonely, though he had people around him. No matter how hard he tried, the world seemed too loud, too fast, and too big. It felt as though everyone else knew how to live in it, but he didn't quite fit.

Every day, the boy wandered into the woods near his home. It was the one place that felt like it understood him—the trees stood tall and still, the wind whispered softly, and the leaves under his feet crunched in a way that made him feel safe.

One day, while wandering deeper into the woods than he ever had before, the boy found a quiet clearing. He sat down on a fallen log, pulled his knees to his chest, and sighed. The silence of the woods wrapped around him like a blanket. It was a place where he didn't need to pretend, didn't need to smile, didn't need to explain why he felt sad all the time.

As he sat there, something stirred in the trees behind him. The boy turned slowly, his heart beating fast, and saw a large, brown bear emerge from the shadows.

The boy froze. He had never seen a bear before, but this one didn't seem frightening. It was massive, with thick fur and gentle eyes that seemed to reflect the very same sadness he felt. The bear looked at him quietly for a moment, then, to the boy's surprise, sat down beside him.

Neither said a word.

For a long while, they just sat together, sharing the stillness. The boy wasn't sure if he was scared or comforted, but there was something about the bear's presence that made him feel understood, as if it knew what it meant to be alone.

Finally, the boy spoke. "Do you ever feel like you don't belong?"

The bear looked at him with soft eyes but said nothing. Its silence was comforting, like it didn't need to say anything to make the boy feel heard.

The boy continued. "I feel like no one really understands me. I don't like the things other kids like. I don't know how to say the right words. Sometimes, it feels like I'm invisible."

The bear let out a low, gentle huff, as if it understood completely. Then it did something surprising—it laid its heavy paw on the ground beside the boy, a simple, quiet gesture of comfort.

The boy reached out and placed his hand on the bear's paw. It was warm and strong, yet soft. He felt the weight of it, the steady presence of something real and solid. The boy realized, for the first time in a long time, that he didn't feel so alone.

Over the next few weeks, the boy returned to the clearing every day. And every day, the bear was there, waiting for him. Sometimes they would sit in silence, sometimes the boy would talk, and the bear would listen. The boy found that he could say anything to the bear—his fears, his worries, his dreams—and the bear would never judge or interrupt. It simply listened.

One day, the boy brought an apple with him and offered it to the bear. The bear sniffed it curiously, then took a slow, careful bite. The boy smiled for the first time in what felt like forever.

"Thank you," the boy said softly, though he wasn't sure if he was thanking the bear for eating the apple or for being his friend.

As the days passed, the boy began to notice something changing inside him. The world didn't seem quite as big or scary when he thought about the bear. He still didn't feel like he belonged all the time, but the loneliness wasn't so sharp anymore. He began to see small moments of kindness in the world, the way a person's eyes crinkled when they smiled or how the sunlight warmed his skin in the morning.

One afternoon, as they sat together, the boy looked at the bear and asked, "How do you do it? How do you live all alone out here?"

The bear gazed at the boy, then slowly stood up and lumbered over to a nearby tree. With a gentle swipe of its paw, the bear knocked a few berries off a bush and ate them. It glanced at the boy as if to say, I take what life gives me, and I keep going.

The boy thought about that for a while. Life wasn't always easy, and sometimes it gave him things he didn't understand—like sadness or loneliness. But maybe, like the bear, he could find something good in it too, even if it was just a small thing, like berries or the warmth of a friend.

One morning, the boy returned to the clearing, but the bear wasn't there. He waited, but the woods were still. Hours passed, and the boy felt a strange ache in his chest. He missed the bear, missed its quiet presence beside him. The world felt big and lonely again.

Just as he was about to leave, he heard a rustle in the bushes. The boy's heart leapt, but it wasn't the bear. Instead, a family of deer emerged, their soft eyes curious but gentle.

The boy smiled, realizing something. The bear had taught him that the world wasn't as lonely as it seemed. Even when the bear wasn't there, the woods were still full of life and quiet kindness. He didn't need to feel so alone anymore because, in the silence of the woods, in the stillness of nature, he had found a place where he belonged.

The boy still visited the clearing every day, and sometimes the bear would be there, and sometimes it wouldn't. But the boy no longer felt lost. He no longer felt invisible. He had learned that silence could be a friend, that kindness didn't always need words, and that even the smallest gestures—like a paw resting beside his hand—could make the world feel a little less lonely.

And so, with the bear's quiet companionship and the wisdom of the woods, the boy found a way to navigate life's challenges with courage and compassion, knowing that even when he felt alone, he never truly was.

Il Ragazzo e l'Orso

C'era una volta un ragazzo che si sentiva perso, anche se non c'era mai lontano da casa. Era solo, anche se aveva persone intorno a lui. Non importava quanto ci provasse, il mondo sembrava troppo rumoroso, troppo veloce e troppo grande. Sembrava che tutti gli altri sapessero come viverci, ma lui non si sentiva mai a posto.

Ogni giorno, il ragazzo si avventurava nei boschi vicino a casa. Era l'unico posto che sembrava capirlo: gli alberi si ergevano alti e fermi, il vento sussurrava dolcemente e le foglie sotto i suoi piedi scricchiolavano in un modo che lo faceva sentire al sicuro.

Un giorno, mentre si addentrava più a fondo nel bosco di quanto avesse mai fatto prima, il ragazzo trovò una radura tranquilla. Si sedette su un tronco caduto, tirò le ginocchia al petto e sospirò. Il silenzio del bosco lo avvolse come una coperta. Era un luogo dove non doveva fingere, non doveva sorridere, non doveva spiegare perché si sentisse triste tutto il tempo.

Mentre era lì seduto, qualcosa si mosse tra gli alberi dietro di lui. Il ragazzo si voltò lentamente, con il cuore che batteva forte, e vide un grande orso bruno emergere dall'ombra.

Il ragazzo si congelò. Non aveva mai visto un orso prima, ma questo non sembrava spaventoso. Era enorme, con un pelo folto e occhi gentili che sembravano riflettere la stessa tristezza che lui provava. L'orso lo guardò in silenzio per un momento, poi, con sorpresa del ragazzo, si sedette accanto a lui.

Nessuno dei due disse una parola.

Per un lungo periodo, rimasero semplicemente seduti insieme, condividendo la calma. Il ragazzo non era sicuro se fosse spaventato o rassicurato, ma c'era qualcosa nella presenza dell'orso che lo faceva sentire compreso, come se sapesse cosa significasse essere soli.

Alla fine, il ragazzo parlò. "Ti capita mai di sentirti fuori posto?"

L'orso lo guardò con occhi teneri, ma non disse nulla. Il suo silenzio era rassicurante, come se non avesse bisogno di dire nulla per far sentire il ragazzo ascoltato.

Il ragazzo continuò. "Sento che nessuno mi capisce davvero. Non mi piacciono le cose che piacciono agli altri ragazzi. Non so come dire le parole giuste. A volte, sembra che io sia invisibile."

L'orso emise un basso e gentile sospiro, come se capisse perfettamente. Poi fece qualcosa di sorprendente: poggiò la sua pesante zampa sul terreno accanto al ragazzo, un gesto semplice e silenzioso di conforto.

Il ragazzo si allungò e posò la mano sulla zampa dell'orso. Era calda e forte, eppure morbida. Sentì il suo peso, la presenza costante di qualcosa di reale e solido. Il ragazzo si rese conto, per la prima volta in molto tempo, di non sentirsi più così solo.

Nel corso delle settimane successive, il ragazzo tornò alla radura ogni giorno. E ogni giorno, l'orso era lì, ad aspettarlo. A volte si sedevano in silenzio, a volte il ragazzo parlava e l'orso ascoltava. Il ragazzo scoprì di poter dire qualsiasi cosa all'orso: le sue paure, le sue preoccupazioni, i suoi sogni, e l'orso non avrebbe mai giudicato né interrotto. Semplicemente ascoltava.

Un giorno, il ragazzo portò con sé una mela e la offrì all'orso. L'orso la annusò curiosamente, poi prese un morso lento e cauto. Il ragazzo sorrise per la prima volta dopo quello che sembrava un'eternità.

"Grazie," disse il ragazzo a bassa voce, anche se non era sicuro se stesse ringraziando l'orso per aver mangiato la mela o per essere suo amico.

Con il passare dei giorni, il ragazzo cominciò a notare qualcosa che cambiava dentro di lui. Il mondo non sembrava più così grande o spaventoso quando pensava all'orso. Ancora non si sentiva sempre a posto, ma la solitudine non era più così acuta. Cominciò a vedere piccoli momenti di gentilezza nel mondo, il modo in cui gli occhi di una persona si incurvavano quando sorridevano o come il sole scaldava la sua pelle al mattino.

Un pomeriggio, mentre erano seduti insieme, il ragazzo guardò l'orso e chiese: "Come fai a farlo? Come vivi qui da solo?"

L'orso fissò il ragazzo, poi si alzò lentamente e si diresse verso un albero vicino. Con un colpo delicato della sua zampa, l'orso fece cadere alcune bacche da un cespuglio e le mangiò. Si guardò il ragazzo come per dire, Prendo quello che la vita mi offre e continuo ad andare avanti.

Il ragazzo rifletté su questo per un po'. La vita non era sempre facile e a volte gli dava cose che non capiva, come la tristezza o la solitudine. Ma forse, proprio come l'orso, poteva trovare qualcosa di buono anche in esse, anche se fosse solo una piccola cosa, come le bacche o il calore di un amico.

Una mattina, il ragazzo tornò alla radura, ma l'orso non c'era. Aspettò, ma i boschi erano silenziosi. Passarono ore e il ragazzo sentì un'insolita fitta nel petto. Gli mancava l'orso, gli mancava la sua presenza tranquilla accanto a lui. Il mondo sembrava di nuovo grande e solitario.

Proprio quando stava per andarsene, udì un fruscio nei cespugli. Il cuore del ragazzo balzò, ma non era l'orso. Invece, emerse una famiglia di cervi, i loro occhi morbidi curiosi ma gentili.

Il ragazzo sorrise, rendendosi conto di qualcosa. L'orso gli aveva insegnato che il mondo non era così solo come sembrava. Anche quando l'orso non era lì, il bosco era ancora pieno di vita e gentilezza silenziosa. Non aveva più bisogno di sentirsi così solo, perché, nel silenzio del bosco, nella calma della natura, aveva trovato un posto dove apparteneva.

Il ragazzo continuava a visitare la radura ogni giorno, e a volte l'orso c'era, e a volte no. Ma il ragazzo non si sentiva più perso. Non si sentiva più invisibile. Aveva imparato che il silenzio poteva essere un amico, che la gentilezza non aveva sempre bisogno di parole, e che anche i gesti più piccoli—come una zampa che riposa accanto alla sua mano—potevano rendere il mondo un po' meno solitario.

E così, con la silenziosa compagnia dell'orso e la saggezza del bosco, il ragazzo trovò un modo per affrontare le sfide della vita con coraggio e compassione, sapendo che anche quando si sentiva solo, non lo era mai davvero.

The Little Dog with Big Dreams

In a bustling little town filled with towering trees and colorful houses, there lived a tiny dog named Tilly. Tilly was not just small; she was the smallest dog you could ever imagine. With her floppy ears, a tail that wagged like a happy little flag, and a heart that was as big as a mountain, she dreamed of becoming a hero.

But everyone laughed at Tilly because of her size. "You're just a little pup!" they would say. "What can you do?" Tilly's heart would sink every time she heard those words, but she was determined to prove them wrong. She believed that bravery came in all shapes and sizes, and she was ready to show the world.

One sunny morning, while Tilly was sniffing around the park, she heard a soft, sad mewing. "Help! Help!" came the tiny voice. Tilly's ears perked up, and she followed the sound until she found a little kitten stuck high in a tree. The kitten was scared and trembling, looking down at the ground below.

"Oh no! Don't worry, little one! I'll save you!" Tilly called, her voice full of courage. But as she looked up, she realized the kitten was far too high for her to reach. She took a deep breath and thought hard. "I may be small, but I can still find a way!"

Tilly had an idea. She scampered back to the park where a group of bigger dogs was playing. "Please! I need your help!" she yipped. "There's a kitten stuck in a tree!"

The bigger dogs looked down at Tilly and laughed. "You? Help a kitten? You're too tiny!" they barked. But Tilly didn't let their laughter discourage her. Instead, she dashed away, determined to save the kitten on her own.

She thought of her journey ahead. With each step, her heart raced. Tilly sprinted through the park, across the busy street, and into the tall grass that led to the base of the tree. She looked up again, and the kitten's big, frightened eyes stared down at her.

"Don't worry! I'll find a way to help you!" Tilly shouted, even though her paws were shaking. She thought and thought, and then it came to her—a plan! She remembered that her friend, Benny the squirrel, was an expert climber. If she could get Benny to help, they might be able to save the kitten.

With her heart pounding, Tilly called out, "Benny! Benny! Come quick! I need you!"

In a flash, Benny appeared, his bushy tail twitching. "What's up, Tilly?" he asked, looking concerned. Tilly explained the situation, and Benny's eyes widened.

"Let's go save that kitten!" he exclaimed. With Tilly leading the way, they rushed back to the tree.

"Climb up, Benny!" Tilly said, pointing with her paw. "You can reach the kitten! I'll cheer you on!"

Benny nodded and quickly scampered up the tree. He reached the kitten in no time and gently nudged her. "Don't worry, I'll help you down!" Benny said. The kitten looked frightened but trusting, and soon, Benny carefully guided her down the tree trunk.

"Here you go!" he said, and the little kitten leaped into Tilly's waiting paws. Tilly's heart swelled with pride. She had done it! She had saved the kitten, even though she was tiny.

The kitten nuzzled Tilly's nose, purring gratefully. "Thank you! Thank you so much! You're my hero!" she exclaimed, her eyes shining with admiration.

Just then, the bigger dogs who had laughed at Tilly earlier wandered by. Their eyes widened as they saw Tilly cradling the rescued kitten. "Wow, Tilly! You really are a hero!" one of the dogs said, looking impressed.

Tilly wagged her tail with joy. "You see?" she said proudly. "Bravery comes in all shapes and sizes!"

The bigger dogs nodded, and from that day on, they treated Tilly with respect. They realized that it wasn't her size that mattered, but her big heart and determination.

From that day forward, Tilly continued to go on adventures, helping anyone in need, big or small. She showed everyone that no matter how little you are, you can still make a big difference. And in the heart of the bustling little town, Tilly became known not just as a tiny dog, but as a true hero with big dreams.

Il Piccolo Cane con Grandi Sogni

In una vivace cittadina piena di alberi alti e case colorate, viveva un piccolo cane di nome Tilly. Tilly non era solo piccola; era il cane più piccolo che si potesse immaginare. Con le sue orecchie flosce, una coda che scodinzolava come una felice bandiera, e un cuore grande come una montagna, sognava di diventare un eroe.

Ma tutti ridevano di Tilly a causa della sua dimensione. "Sei solo un cucciolo!" dicevano. "Cosa puoi fare?" Il cuore di Tilly si rattristava ogni volta che sentiva quelle parole, ma era determinata a dimostrare che si sbagliavano. Credeva che il coraggio venisse in tutte le forme e dimensioni, e era pronta a mostrare al mondo.

Una mattina di sole, mentre Tilly annusava nel parco, udì un tenero e triste miagolio. "Aiuto! Aiuto!" veniva da una voce piccola. Le orecchie di Tilly si drizzarono, e seguì il suono fino a trovare un gattino piccolo bloccato in cima a un albero. Il gattino era spaventato e tremante, guardando giù verso il terreno sottostante.

"Oh no! Non preoccuparti, piccolo! Ti salverò!" chiamò Tilly, con la voce piena di coraggio. Ma quando guardò in alto, si rese conto che il gattino era troppo in alto per lei. Respirò profondamente e pensò intensamente. "Potrei essere piccola, ma posso ancora trovare un modo!"

Tilly ebbe un'idea. Corse di nuovo verso il parco dove un gruppo di cani più grandi stava giocando. "Per favore! Ho bisogno del vostro aiuto!" abbaiò. "C'è un gattino bloccato in un albero!"

I cani più grandi guardarono Tilly dall'alto in basso e risero. "Tu? Aiutare un gattino? Sei troppo piccola!" abbaiarono. Ma Tilly non si lasciò scoraggiare dalle loro risate. Invece, scappò via, determinata a salvare il gattino da sola.

Pensò al viaggio che l'attendeva. Con ogni passo, il suo cuore batteva forte. Tilly corse attraverso il parco, oltre la strada trafficata, e nei lunghi fili d'erba che portavano alla base dell'albero. Guardò di nuovo in alto e gli occhi grandi e spaventati del gattino la fissavano.

"Non preoccuparti! Troverò un modo per aiutarti!" urlò Tilly, anche se le sue zampe tremavano. Pensò e pensò, e poi le venne un'idea—un piano! Ricordò che il suo amico, Benny lo scoiattolo, era un esperto arrampicatore. Se fosse riuscita a far venire Benny ad aiutarla, avrebbero potuto salvare il gattino.

Con il cuore che batteva forte, Tilly chiamò: "Benny! Benny! Vieni subito! Ho bisogno di te!"

In un lampo, Benny apparve, la sua coda folta che ondeggiava. "Cosa succede, Tilly?" chiese, guardando preoccupato. Tilly spiegò la situazione e gli occhi di Benny si spalancarono.

"Andiamo a salvare quel gattino!" esclamò. Con Tilly che guidava la strada, corsero di nuovo verso l'albero.

"Scali, Benny!" disse Tilly, indicando con la sua zampa. "Puoi raggiungere il gattino! Io ti farò il tifo!"

Benny annuì e rapidamente salì sull'albero. Raggiunse il gattino in men che non si dica e lo spinse gentilmente. "Non preoccuparti, ti aiuterò a scendere!" disse Benny. Il gattino sembrava spaventato ma fiducioso, e presto Benny la guidò con cautela lungo il tronco dell'albero.

"Ecco fatto!" disse, e il piccolo gattino saltò tra le zampe pronte di Tilly. Il cuore di Tilly si riempì di orgoglio. Ce l'aveva fatta! Aveva salvato il gattino, anche se era piccola.

Il gattino le leccò il muso, facendo le fusa con gratitudine. "Grazie! Grazie mille! Sei il mio eroe!" esclamò, gli occhi che brillavano di ammirazione.

Proprio in quel momento, i cani più grandi che avevano riso di Tilly poco prima passarono di lì. I loro occhi si spalancarono nel vedere Tilly che cullava il gattino salvato. "Wow, Tilly! Sei davvero un'eroina!" disse uno dei cani, guardando impressionato.

Tilly scodinzolò di gioia. "Vedi?" disse orgogliosa. "Il coraggio viene in tutte le forme e dimensioni!"

I cani più grandi annuirono, e da quel giorno in poi, trattarono Tilly con rispetto. Si resero conto che non era la sua dimensione a contare, ma il suo grande cuore e la sua determinazione.

Da quel giorno in poi, Tilly continuò a vivere avventure, aiutando chiunque avesse bisogno, grande o piccolo. Mostrò a tutti che non importa quanto si è piccoli, si può comunque fare una grande differenza. E nel cuore della vivace cittadina, Tilly divenne conosciuta non solo come un piccolo cane, ma come una vera eroina con grandi sogni.

The Pirate and the Secret Island

Once upon a time, there was a mischievous pirate named Captain Cormac McScallywag. With his scruffy beard, crooked hat, and a parrot named Polly who was far too fond of squawking insults, Cormac sailed the seven seas in search of treasure and adventure. He was known far and wide for his clever tricks and his insatiable greed.

One fateful day, while sailing through foggy waters, Cormac spotted a shimmering glint on the horizon. "Aha!" he exclaimed, clutching the wheel of his ship, The Wily Wench. "Could it be treasure?"

As he drew nearer, the fog lifted, revealing a hidden island surrounded by sparkling blue waters. The island looked utterly enchanting—lush palm trees swayed in the gentle breeze, and the scent of sweet fruit filled the air. "This place is a pirate's dream!" Cormac shouted, his eyes gleaming with greed.

He dropped anchor and leaped onto the sandy shore, eager to explore. To his astonishment, he discovered trees laden with shimmering apples that sparkled like jewels, coconuts filled with creamy chocolate, and bushes overflowing with golden berries. "I'm rich!" Cormac shouted, stuffing his pockets with fruit.

But as he wandered further into the island, he noticed something peculiar. A signpost stood at the entrance of a sparkling grove. It read: Welcome to Paradise Island! Please abide by the Magical

Rules: 1) Share with others. 2) No taking more than you need. 3) Be kind to all creatures. Failure to comply will result in unforeseen consequences!

"Bah! What nonsense!" Cormac scoffed, shaking his head. "I'm a pirate! I don't need rules!" And with that, he marched deeper into the island, intent on claiming it all for himself.

As he stuffed his treasure-laden pockets with more fruit than he could carry, a curious squirrel appeared, twitching its bushy tail. "Excuse me, Mr. Pirate," the squirrel said in a high-pitched voice, "you should really share some of that. It's only fair!"

"Fair?" Cormac snorted. "Who cares about fair? I'm taking it all!" With that, he picked up a glittering apple and bit into it. To his surprise, the moment he took a bite, the apple shrank into a tiny raisin! "What sorcery is this?" he exclaimed, flinging it away.

The squirrel chuckled softly. "That's what happens when you're greedy. You have to share if you want to enjoy the island's bounty!"

Angered but undeterred, Cormac marched on, determined to find hidden treasures. He stumbled upon a cave that shimmered with gold and jewels, and as he entered, he was met with a chorus of tiny voices.

"Welcome, Captain McScallywag!" they squeaked, revealing a group of tiny creatures with shimmering wings and mischievous smiles. They were the island's guardians, and they were not pleased.

"You've broken the rules of Paradise Island!" they chimed. "You must learn that sharing and kindness bring true treasure!"

With a flick of their wands, the tiny guardians cast a spell, and suddenly, Cormac found himself surrounded by dancing shadows. The shadows took the form of the very fruits he had hoarded. "No! No!" he shouted, but the shadows only laughed and started singing a silly song about sharing.

Feeling utterly foolish, Cormac realized he was trapped in the cave, unable to escape until he learned the lesson of generosity. With no other choice, he cleared his throat and called out, "All right, I'll share! I'll share with everyone!"

At that moment, the shadows dissolved, and the guardians cheered. "Well done, Captain! Now, let's see how brave and clever you can be!" they announced, leading him to a clearing filled with an abundance of delicious food.

"But I can't just take all this!" Cormac protested.

"Correct!" the tiniest guardian squeaked. "You can gather what you need, but share the rest with your new friends!"

With a newfound spirit, Cormac began to fill his pockets again, but this time he took only what he could eat. He invited the squirrel and the tiny guardians to feast with him, and soon, laughter filled the air as they shared stories and delightful food.

As the sun began to set, Cormac realized he hadn't felt this happy in years. He learned that friendship and sharing brought more joy than treasure ever could. The island's magic had worked wonders in his heart.

When it was time to leave, the tiny guardians gifted him a sparkling golden key. "This key unlocks the treasure of true friendship," they said. "Whenever you use it, remember to share what you have with others."

With a heart full of joy and his pockets only filled with what he truly needed, Cormac sailed away from Paradise Island, ready for new adventures.

From that day on, Captain Cormac McScallywag was known not only as a clever pirate but also as the friendliest pirate on the seven seas, sharing treasures and tales wherever he went, proving that sometimes the best treasure is the friendship you create along the way.

Il Pirata e l'Isola Segreta

C'era una volta un pirata dispettoso di nome Capitano Cormac McScallywag. Con la sua barba incolta, il cappello storto e un pappagallo di nome Polly che era troppo incline a starnazzare insulti, Cormac solcava i sette mari in cerca di tesori e avventure. Era conosciuto in lungo e in largo per i suoi ingegnosi trucchi e la sua insaziabile avarizia.

Un giorno fatale, mentre navigava attraverso acque nebbiose, Cormac avvistò un luccichio scintillante all'orizzonte. "Aha!" esclamò, afferrando il timone della sua nave, La Maliziosa. "Potrebbe essere un tesoro?"

Avvicinandosi, la nebbia si sollevò, rivelando un'isola nascosta circondata da acque blu scintillanti. L'isola sembrava assolutamente incantevole: palme lussureggianti ondeggiavano nella dolce brezza e l'aria era pervasa dal profumo di frutti dolci. "Questo posto è un sogno per i pirati!" gridò Cormac, gli occhi brillanti di avidità.

Gettò l'ancora e saltò sulla riva sabbiosa, desideroso di esplorare. Con grande sorpresa, scoprì alberi carichi di mele scintillanti che brillavano come gioielli, noci di cocco piene di cioccolato cremoso e cespugli ricolmi di bacche dorate. "Sono ricco!" urlò Cormac, riempiendo le tasche di frutta.

Ma mentre si addentrava nell'isola, notò qualcosa di strano. Un cartello si trovava all'ingresso di un boschetto scintillante.

Diceva: Benvenuti nell'Isola del Paradiso! Si prega di rispettare le Regole Magiche: 1) Condividi con gli altri. 2) Non prendere più di quanto hai bisogno. 3) Sii gentile con tutte le creature. La mancata osservanza comporterà conseguenze impreviste!

"Bah! Che sciocchezze!" scoffò Cormac, scuotendo la testa. "Io sono un pirata! Non ho bisogno di regole!" E con ciò, si addentrò ulteriormente nell'isola, deciso a reclamarla tutta per sé.

Mentre riempiva le tasche già cariche di tesori con più frutta di quanta ne potesse portare, apparve uno scoiattolo curioso, agitando la sua coda folta. "Scusi, signor Pirata," disse lo scoiattolo con voce acuta, "dovrebbe davvero condividere un po' di tutto questo. È solo giusto!"

"Giusto?" snobbò Cormac. "A chi importa della giustizia? Prenderò tutto io!" Detto ciò, afferrò una mela luccicante e ci morse dentro. Con sua sorpresa, nel momento in cui morse, la mela si rimpicciolì in una piccola uva passa! "Che stregoneria è questa?" esclamò, scagliandola via.

Lo scoiattolo ridacchiò. "Ecco cosa succede quando sei avaro. Devi condividere se vuoi goderti i frutti dell'isola!"

Adirato ma non scoraggiato, Cormac proseguì, determinato a trovare tesori nascosti. Inciampò in una caverna che brillava di oro e gioielli, e quando entrò, fu accolto da un coro di voci piccole.

"Benvenuto, Capitano McScallywag!" squeakò, rivelando un gruppo di minuscole creature con ali luccicanti e sorrisi maliziosi. Erano i guardiani dell'isola e non erano affatto soddisfatti.

"Hai infranto le regole dell'Isola del Paradiso!" intonarono. "Devi imparare che la condivisione e la gentilezza portano il vero tesoro!"

Con un colpo delle loro bacchette, i piccoli guardiani lanciarono un incantesimo e all'improvviso, Cormac si trovò circondato da ombre danzanti. Le ombre assumevano la forma dei frutti che aveva accumulato. "No! No!" urlò, ma le ombre risero solo e cominciarono a cantare una canzone sciocca sulla condivisione.

Sentendosi completamente stupido, Cormac si rese conto di essere intrappolato nella caverna, incapace di scappare fino a quando non avesse imparato la lezione della generosità. Senza altra scelta, schiarì la gola e chiamò: "Va bene, condividerò! Condividerò con tutti!"

In quel momento, le ombre si dissolsero e i guardiani applaudirono. "Ben fatto, Capitano! Ora vediamo quanto puoi essere coraggioso e ingegnoso!" annunciarono, conducendolo in un'area aperta piena di abbondanza di cibo delizioso.

"Ma non posso prendere tutto questo!" protestò Cormac.

"Corretto!" squeakò il più piccolo dei guardiani. "Puoi raccogliere ciò di cui hai bisogno, ma condividi il resto con i tuoi nuovi amici!"

Con un nuovo spirito, Cormac iniziò a riempire di nuovo le tasche, ma questa volta prese solo ciò che poteva mangiare. Invitò lo scoiattolo e i piccoli guardiani a banchettare con lui e presto, le risate riempirono l'aria mentre condividevano storie e cibo delizioso.

Quando il sole cominciò a tramontare, Cormac si rese conto che non si era mai sentito così felice da anni. Apprese che l'amicizia e la condivisione portano più gioia di qualsiasi tesoro. La magia dell'isola aveva fatto meraviglie nel suo cuore.

Quando fu il momento di partire, i piccoli guardiani gli regalarono una chiave d'oro scintillante. "Questa chiave sblocca il tesoro della vera amicizia," dissero. "Ogni volta che la usi, ricorda di condividere ciò che hai con gli altri."

Con il cuore pieno di gioia e le tasche riempite solo di ciò di cui aveva veramente bisogno, Cormac salpò via dall'Isola del Paradiso, pronto per nuove avventure.

Da quel giorno in poi, il Capitano Cormac McScallywag fu conosciuto non solo come un astuto pirata, ma anche come il pirata più amichevole dei sette mari, che condivideva tesori e racconti ovunque andasse, dimostrando che a volte il miglior tesoro è l'amicizia che crei lungo il cammino.

The Tree That Could Sing

Deep in a magical forest, where sunlight danced through the leaves and flowers bloomed in every color of the rainbow, stood a remarkable tree. This tree was no ordinary tree—it could sing! With branches that swayed gracefully and leaves that shimmered like emeralds, it belted out the most enchanting melodies. The tunes floated through the air like sweet whispers, but nobody in the forest had ever heard them.

One sunny morning, a curious rabbit named Ruby was hopping through the woods, her fluffy tail bouncing behind her. As she explored, she stumbled upon the magnificent tree. Intrigued by the lovely sounds, she approached it and gasped in wonder. "Wow! Who's singing such beautiful songs?" she exclaimed.

The tree, its trunk wide and sturdy, swayed gently and replied, "It is I, the Singing Tree! I sing melodies that spread joy, but sadly, no one has come to listen."

Ruby's ears perked up. "What if we put on a concert? You could be the star!"

Excited by the idea, the Singing Tree rustled its leaves in delight. "Oh, what a wonderful idea! But I cannot sing alone; I need friends to help me."

Ruby's eyes sparkled with enthusiasm. "I'll find some friends! Together, we can create a band!" She hopped off, determined to gather a troupe of animals.

First, she found Benny the badger, who loved to drum on hollow logs. "Benny! Would you like to join our band?" Ruby asked.

"Count me in!" Benny grinned, thumping his paws together excitedly.

Next, they met Lila the fox, who was known for her sweet voice. "Lila! Come sing with us at the Singing Tree!" Ruby invited.

"I'd love to!" Lila replied, her tail wagging.

Lastly, they came across Ollie the owl, who could play the flute like no other. "Ollie! We need your magical flute for our concert!" Ruby urged.

With a wise nod, Ollie agreed, "I shall join you, my friends."

With the band complete, the animals returned to the Singing Tree. Together, they practiced under its branches, blending their unique sounds into a beautiful melody. The tree sang along, creating harmonies that echoed throughout the forest. Each note sparkled like sunlight filtering through the leaves.

As they practiced, they discovered that teamwork made their music even more enchanting. Ruby's cheerful hops kept everyone in rhythm, Benny's drumming gave their song a lively beat, Lila's sweet voice floated above it all, and Ollie's flute added a touch of magic. They laughed, played, and created music that brought joy to the air.

The time for the concert arrived, and word spread quickly through the forest. Animals of all shapes and sizes gathered beneath the Singing Tree, eager to hear the extraordinary performance. The tree swayed with excitement as the band took their places.

With a deep breath, Ruby began, "Welcome, everyone! We're here to spread joy through music!"

As they started to play, the forest came alive with sound. The melodies floated into the sky, wrapping around the trees, dancing through the air, and inviting everyone to join in. The animals swayed, clapped, and sang along, feeling the magic of the music in their hearts.

The concert was a dazzling success! Laughter and cheers filled the forest as animals joined in, each contributing their own unique sounds. The tree sang louder, its melodies intertwining with the voices of the audience, creating an unforgettable symphony of joy and happiness.

After the concert, the animals gathered around the Singing Tree, their hearts full. "Thank you, Singing Tree, for sharing your beautiful music with us!" Ruby said, her eyes shining.

"And thank you, dear friends, for joining me," the tree replied, its leaves rustling softly. "Together, we have shown that music can bring us all together, and that friendship is the sweetest melody of all."

And so, deep in that magical forest, the melodies of the Singing Tree echoed on, a reminder that the greatest treasures are the connections we share with one another.

L'Albero Che Poteva Cantare

Nel profondo di una foresta magica, dove la luce del sole danzava tra le foglie e i fiori sbocciavano in ogni colore dell'arcobaleno, sorgeva un albero straordinario. Questo albero non era un albero qualsiasi: poteva cantare! Con i suoi rami che si muovevano con grazia e le foglie che brillavano come smeraldi, intonava le melodie più incantevoli. Le note fluttuavano nell'aria come dolci sussurri, ma nessuno nella foresta le aveva mai sentite.

Una mattina di sole, un coniglio curioso di nome Ruby stava saltellando attraverso i boschi, con la sua soffice coda che rimbalzava dietro di lei. Mentre esplorava, si imbatté nel magnifico albero. Intrigata dai suoni melodiosi, si avvicinò e si fermò in meraviglia. "Wow! Chi canta canzoni così belle?" esclamò.

L'albero, con il suo tronco largo e robusto, ondeggiò dolcemente e rispose: "Sono io, l'Albero Cantante! Canto melodie che diffondono gioia, ma purtroppo nessuno è venuto ad ascoltarle."

Le orecchie di Ruby si drizzarono. "E se organizzassimo un concerto? Tu potresti essere la star!"

Entusiasta dell'idea, l'Albero Cantante fruscìò le sue foglie con piacere. "Oh, che meravigliosa idea! Ma non posso cantare da solo; ho bisogno di amici che mi aiutino."

Gli occhi di Ruby brillavano di entusiasmo. "Troverò alcuni amici! Insieme possiamo creare una band!" Saltellò via, determinata a radunare un gruppo di animali.

Prima, trovò Benny il tasso, che amava battere su tronchi cavi. "Benny! Vuoi unirti alla nostra band?" chiese Ruby.

"Contami dentro!" rispose Benny, battendo le zampe insieme con entusiasmo.

Poi incontrarono Lila la volpe, conosciuta per la sua dolce voce. "Lila! Vieni a cantare con noi all'Albero Cantante!" invitò Ruby.

"Mi piacerebbe molto!" rispose Lila, scodinzolando.

Infine, incontrarono Ollie il gufo, che sapeva suonare il flauto come nessun altro. "Ollie! Abbiamo bisogno del tuo flauto magico per il nostro concerto!" esortò Ruby.

Con un saggio cenno, Ollie acconsentì: "Mi unisco a voi, amici miei."

Con la band completata, gli animali tornarono all'Albero Cantante. Insieme, praticarono sotto i suoi rami, fondendo i loro suoni unici in una melodia bellissima. L'albero cantava insieme a loro, creando armonie che riecheggiavano attraverso la foresta. Ogni nota brillava come la luce del sole che filtrava attraverso le foglie.

Mentre praticavano, scoprirono che il lavoro di squadra rendeva la loro musica ancora più incantevole. I saltelli allegri di Ruby tenevano tutti in ritmo, il battere di Benny dava al loro canto un ritmo vivace, la dolce voce di Lila si librava sopra tutto, e il flauto di Ollie aggiungeva un tocco di magia. Ridevano, suonavano e creavano musica che portava gioia nell'aria.

Arrivò il momento del concerto, e la notizia si diffuse rapidamente attraverso la foresta. Animali di tutte le forme e dimensioni si radunarono sotto l'Albero Cantante, ansiosi di ascoltare l'incredibile esibizione. L'albero ondeggiava con emozione mentre la band prendeva posto.

Con un respiro profondo, Ruby iniziò: "Benvenuti a tutti! Siamo qui per diffondere gioia attraverso la musica!"

Quando iniziarono a suonare, la foresta si animò di suoni. Le melodie fluttuavano nel cielo, avvolgendo gli alberi, danzando nell'aria e invitando tutti a unirsi. Gli animali ondeggiavano, applaudivano e cantavano insieme, sentendo la magia della musica nei loro cuori.

Il concerto fu un successo straordinario! Risate e applausi riempirono la foresta mentre gli animali si univano, ognuno contribuendo con i propri suoni unici. L'albero cantava più forte, le sue melodie si intrecciavano con le voci del pubblico, creando una sinfonia indimenticabile di gioia e felicità.

Dopo il concerto, gli animali si radunarono attorno all'Albero Cantante, i loro cuori pieni. "Grazie, Albero Cantante, per aver condiviso la tua bellissima musica con noi!" disse Ruby, con gli occhi che brillavano.

"E grazie a voi, cari amici, per esservi uniti a me," rispose l'albero, le sue foglie frusciando dolcemente. "Insieme, abbiamo dimostrato che la musica può unirci tutti e che l'amicizia è la melodia più dolce di tutte."

E così, nel profondo di quella foresta magica, le melodie dell'Albero Cantante continuarono a risuonare, un promemoria che i tesori più grandi sono le connessioni che condividiamo tra di noi.

The Cloud Painter

In a vibrant village nestled among rolling green hills, there lived a spirited girl named Mia. Mia had a magical talent—she could paint the clouds! With her trusty paintbrush and a heart full of dreams, she turned the sky into a canvas, creating beautiful scenes that made everyone in the village smile.

Every morning, as the sun peeked over the hills, Mia would climb to her favorite hilltop with her paint palette. The villagers would gather below, watching in awe as she transformed fluffy clouds into magnificent shapes. One day, she painted a giant whale leaping through the sky, and the children squealed in delight. Another day, she turned the clouds into a parade of colorful rainbows and sparkling stars.

"Look! It's a flying castle!" a boy named Leo shouted, pointing at the sky. The villagers laughed and clapped, their hearts lightened by Mia's creativity.

But one fateful morning, Mia woke to find the sky gray and dull. The clouds hung heavy and lifeless, and her heart sank. She climbed the hill, her paintbrush in hand, but no matter how hard she tried, the colors wouldn't come. The sky was a blank canvas, and Mia felt a thick fog of sadness settling over her.

"What's wrong, Mia?" asked Pip, a cheeky squirrel who loved to explore. He scampered up the hill, his bushy tail flicking back and forth. "Why aren't you painting today?"

"The colors are gone, Pip," Mia sighed, her eyes glistening with disappointment. "I can't paint the clouds anymore."

Pip scratched his head. "Maybe we can find the colors! Let's go on an adventure to discover where they've gone!"

Just then, Oliver, a wise old owl perched on a nearby tree, hooted softly. "Mia, my dear, the colors are not lost; they are hidden. You must believe in yourself to find them again."

"Believe in myself?" Mia echoed, confused. "How can I do that?"

"Let us help you," said Oliver, his eyes twinkling with wisdom. "Together, we can embark on a journey to bring back the colors."

With a renewed sense of hope, Mia smiled at her friends. "Let's go!" she exclaimed, gripping her paintbrush tightly. The trio set off through the forest, where the trees whispered secrets and the flowers swayed gently in the breeze.

As they journeyed, they faced challenges that tested their creativity and friendship. First, they reached a wide river, its waters sparkling but deep. "How will we cross?" Pip wondered, his tiny paws trembling.

"Let's build a bridge out of branches and leaves!" Mia suggested. With teamwork, they gathered materials and crafted a sturdy bridge, laughing and encouraging one another along the way. When they finally crossed, Mia felt a spark of color return to her heart.

Next, they encountered a steep hill covered in thorny bushes. "I'm scared!" Pip squeaked, shivering at the sight. "What if we get hurt?"

"Let's go slowly and carefully," Mia said, taking a deep breath. "We can help each other through." With Oliver guiding them and Mia clearing the path with her paintbrush, they carefully navigated the thorns, sharing stories and laughter to keep their spirits high.

Finally, they reached a quiet meadow filled with daisies. As the sun broke through the clouds, a soft light illuminated the flowers. "Look!" Oliver hooted, pointing at the sky. "The colors are returning!"

Mia looked up in wonder as vibrant hues began to swirl around the clouds, reflecting the joy of their adventure. With a heart full of inspiration, she picked up her paintbrush, and together with Pip and Oliver, she painted the clouds in breathtaking colors—golden sunrises, rosy sunsets, and dancing butterflies.

As the sky transformed into a masterpiece, Mia felt a warmth spreading through her. "The colors were inside me all along," she realized. "I just needed to believe!"

With the sky bursting with color, they returned to the village, where everyone marveled at the magical spectacle. The villagers cheered as Mia painted, the sky alive with joy. Laughter filled the air, and everyone joined in, dancing beneath the colorful clouds.

From that day on, Mia, Pip, and Oliver continued to create beautiful art in the sky, reminding the village that true magic comes from within. Mia learned that when she believed in herself, the colors of her imagination would always shine brightly, turning even the grayest days into a canvas of joy and wonder.

La Pittrice di Nuvole

In un vivace villaggio situato tra dolci colline verdi, viveva una ragazza piena di spirito di nome Mia. Mia aveva un talento magico: sapeva dipingere le nuvole! Con il suo fidato pennello e un cuore pieno di sogni, trasformava il cielo in una tela, creando scene bellissime che facevano sorridere tutti nel villaggio.

Ogni mattina, quando il sole spuntava sopra le colline, Mia saliva sulla sua collina preferita con la sua tavolozza di colori. Gli abitanti del villaggio si radunavano sotto, osservando con stupore mentre lei trasformava le nuvole soffici in forme magnifiche. Un giorno, dipinse una gigantesca balena che saltava nel cielo, e i bambini esultarono di gioia. Un altro giorno, trasformò le nuvole in una parata di arcobaleni colorati e stelle scintillanti.

"Guarda! È un castello volante!" esclamò un ragazzo di nome Leo, puntando il dito verso il cielo. Gli abitanti del villaggio risero e applaudirono, i loro cuori si alleggerirono grazie alla creatività di Mia.

Ma una fatidica mattina, Mia si svegliò e trovò il cielo grigio e opaco. Le nuvole pendevano pesanti e senza vita, e il suo cuore si abbatté. Salì sulla collina, pennello in mano, ma per quanto si sforzasse, i colori non venivano. Il cielo era una tela vuota, e Mia sentiva una fitta nebbia di tristezza avvolgerla.

"Cosa c'è che non va, Mia?" chiese Pip, uno scoiattolo vivace che amava esplorare. Scattò su per la collina, con la sua coda folta che ondeggiava. "Perché non stai dipingendo oggi?"

"I colori sono spariti, Pip," sospirò Mia, gli occhi lucidi di delusione. "Non posso più dipingere le nuvole."

Pip si grattò la testa. "Forse possiamo trovare i colori! Andiamo in un'avventura per scoprire dove siano finiti!"

Proprio in quel momento, Oliver, un saggio gufo posato su un albero vicino, hootò dolcemente. "Mia, mia cara, i colori non sono perduti; sono nascosti. Devi credere in te stessa per trovarli di nuovo."

"Credere in me stessa?" ripeté Mia, confusa. "Come posso farlo?"

"Lascia che ti aiutiamo," disse Oliver, i suoi occhi brillanti di saggezza. "Insieme, possiamo intraprendere un viaggio per riportare i colori."

Con un rinnovato senso di speranza, Mia sorrise ai suoi amici. "Andiamo!" esclamò, stringendo forte il suo pennello. I tre partirono attraverso la foresta, dove gli alberi sussurravano segreti e i fiori ondeggiavano dolcemente nella brezza.

Mentre viaggiavano, affrontarono sfide che misero alla prova la loro creatività e amicizia. Per prima cosa, raggiunsero un ampio fiume, le cui acque scintillavano ma erano profonde. "Come faremo a attraversare?" si chiese Pip, con le sue piccole zampe tremanti.

"Costruiamo un ponte con rami e foglie!" suggerì Mia. Con il lavoro di squadra, raccolsero materiali e costruirono un ponte robusto, ridendo e incoraggiandosi a vicenda lungo il cammino. Quando finalmente attraversarono, Mia sentì una scintilla di colore tornare nel suo cuore.

Poi, si imbatterono in una collina ripida coperta di cespugli spinosi. "Ho paura!" squittì Pip, tremando al solo pensiero. "E se ci facessimo male?"

"Procediamo lentamente e con cautela," disse Mia, prendendo un respiro profondo. "Possiamo aiutarci a vicenda." Con Oliver che li guidava e Mia che schiariva il sentiero con il suo pennello, navigarono con attenzione tra le spine, condividendo storie e risate per mantenere alto il morale.

Infine, raggiunsero un tranquillo prato pieno di margherite. Quando il sole si fece strada tra le nuvole, una luce soffusa illuminò i fiori. "Guarda!" hootò Oliver, puntando il cielo. "I colori stanno tornando!"

Mia guardò in alto con meraviglia mentre vivaci tonalità cominciavano a vorticosi attorno alle nuvole, riflettendo la gioia della loro avventura. Con un cuore pieno di ispirazione, afferrò il suo pennello e, insieme a Pip e Oliver, dipinse le nuvole in colori mozzafiato: albe dorate, tramonti rosa e farfalle danzanti.

Mentre il cielo si trasformava in un capolavoro, Mia sentì un calore diffondersi in lei. "I colori erano dentro di me fin dall'inizio," si rese conto. "Avevo solo bisogno di credere!"

Con il cielo esploso di colori, tornarono al villaggio, dove tutti ammirarono lo spettacolo magico. Gli abitanti del villaggio acclamarono mentre Mia dipingeva, il cielo vibrante di gioia. Le risate riempivano l'aria e tutti si unirono, ballando sotto le nuvole colorate.

Da quel giorno in poi, Mia, Pip e Oliver continuarono a creare bellissime opere d'arte nel cielo, ricordando al villaggio che la vera magia viene dall'interno. Mia imparò che quando credeva in se stessa, i colori della sua immaginazione brillavano sempre intensamente, trasformando anche i giorni più grigi in una tela di gioia e meraviglia.

The Adventure of Leo the Lost Lion

In a bustling animal kingdom, there lived a little lion named Leo. He had a big heart, but he often felt out of place among his majestic family. While the other lions were brave and loud, roaring with pride, Leo was different. He was curious and loved to explore the world beyond the sun-drenched savannah.

One sunny day, with a sense of adventure bubbling inside him, Leo decided to wander further than usual. He trotted through the tall grasses, chasing butterflies and listening to the chirping of the crickets. But before he knew it, he had ventured too far. The familiar sights of the savannah faded away, and soon he found himself lost in a mysterious jungle.

The jungle was a wild and wonderful place, filled with towering trees, colorful flowers, and strange sounds. Leo felt a mix of excitement and fear as he stepped deeper into the greenery. "How will I ever find my way back home?" he wondered, feeling a twinge of worry.

As he wandered through the thick foliage, Leo heard a cheerful voice above him. "Welcome to my jungle!" It was Tina the Toucan, a vibrant bird with dazzling feathers that shimmered in the sunlight. "Want to sing with me?" she chirped, fluttering down to perch on a low branch.

Leo's eyes widened in delight. "I'd love to!" he replied, shaking off his worries. Together, they sang a joyful tune, their voices echoing through the jungle. Leo felt a spark of joy as he joined Tina in her song, forgetting for a moment that he was lost.

After their song, Tina said, "You look a little lost, Leo. Why don't we have an adventure together? You might find your way home while you're at it!"

Leo's heart swelled with hope. "That sounds great!" he said. With Tina leading the way, they ventured deeper into the jungle, where the air was thick with the scent of blooming flowers and the sounds of chattering creatures.

As they traveled, they encountered Benny the Baboon, who was swinging from tree to tree. "Hey there!" he called out, landing next to them with a big grin. "What brings you to my jungle?"

"I'm Leo, and I'm trying to find my way back home," said the little lion. "Tina and I are on an adventure!"

Benny chuckled. "An adventure, huh? Count me in! I can help with that." He began telling the silliest jokes, making both Leo and Tina burst into laughter. His humor lifted their spirits and reminded them that joy could be found even in difficult times.

As they navigated through the jungle, the trio faced various challenges. They came to a wide river with sparkling waters that looked deep and daunting. "How will we cross?" Leo asked, feeling nervous.

"Let's build a bridge!" Tina suggested. "We can use branches and vines!" With teamwork, they gathered materials and crafted a sturdy bridge. Benny made everyone laugh with his silly antics as they worked, and when they finally crossed the river, Leo felt a surge of confidence. "We did it!" he exclaimed.

Next, they encountered a steep hill covered in thorny bushes. "I'm scared!" Leo admitted, his heart pounding. "What if we get hurt?"

"Let's take it slowly and help each other," Tina encouraged. With Benny leading the way, cracking jokes to ease the tension, and Leo clearing the path with his small paws, they carefully made their way through the thorns, sharing stories to keep their spirits high.

Finally, they arrived at a beautiful meadow filled with colorful flowers dancing in the sunlight. As the sun broke through the clouds, a soft light illuminated the flowers. Leo gazed in awe, feeling a wave of inspiration wash over him.

"Look!" Benny shouted, pointing at the sky. "The colors are coming back!"

Leo looked up to see vibrant hues swirling around the clouds, reflecting the joy of their adventure. "This is amazing!" he shouted, his heart bursting with happiness.

With newfound energy, Leo picked up a stick and began to draw in the dirt, creating pictures of the friends he had made and the adventures they had shared. He realized that being lost had led him to discover the beauty of friendship and the importance of being true to himself.

After a fun-filled day, Leo knew it was time to head back. "Thank you for everything, Tina and Benny," he said, his heart full. "You've shown me that being different is a strength."

With the help of his friends, Leo retraced his steps, finally making his way back to the savannah. When he arrived home, he excitedly shared his adventure with his family. They listened in awe as Leo recounted how he had learned to embrace his uniqueness and that true bravery comes from within.

From that day on, Leo felt proud to be himself, and his adventurous spirit inspired not only his family but all the animals in the kingdom. He realized that every adventure was a chance to discover more about himself and the world around him.

And so, the story of Leo the Lost Lion became a cherished tale in the animal kingdom—a beautiful reminder that it's okay to be different and that true friendship and courage can lead to the most wonderful adventures.

L'Avventura di Leo il Leone Smarrito

In un regno animale vivace, viveva un piccolo leone di nome Leo. Aveva un grande cuore, ma spesso si sentiva fuori posto tra la sua maestosa famiglia. Mentre gli altri leoni erano coraggiosi e rumorosi, ruggendo con orgoglio, Leo era diverso. Era curioso e amava esplorare il mondo oltre la savana baciata dal sole.

Un giorno di sole, con un senso di avventura che ribolliva dentro di lui, Leo decise di vagare più lontano del solito. Trottò attraverso le alte erbe, inseguendo farfalle e ascoltando il canto dei grilli. Ma prima che se ne rendesse conto, si era spinto troppo oltre. I luoghi familiari della savana svanirono, e presto si trovò perso in una giungla misteriosa.

La giungla era un luogo selvaggio e meraviglioso, pieno di alberi maestosi, fiori colorati e suoni strani. Leo provava un mix di eccitazione e paura mentre si addentrava sempre più nella vegetazione. "Come farò a ritrovare la strada di casa?" si chiese, sentendo un brivido di preoccupazione.

Mentre vagava attraverso la fitta vegetazione, Leo sentì una voce allegra sopra di lui. "Benvenuto nella mia giungla!" Era Tina il Tucano, un uccello vibrante con piume scintillanti che brillavano al sole. "Vuoi cantare con me?" cinguettò, planando per posarsi su un ramo basso.

Gli occhi di Leo si illuminarono di gioia. "Mi piacerebbe!" rispose, scacciando le sue preoccupazioni. Insieme, cantarono una melodia gioiosa, le loro voci risuonando attraverso la giungla. Leo provò una scintilla di felicità mentre si univa a Tina nel suo canto, dimenticando per un momento di essere perso.

Dopo la loro canzone, Tina disse: "Sembri un po' perso, Leo. Perché non facciamo un'avventura insieme? Potresti trovare la strada di casa mentre ci sei!"

Il cuore di Leo si riempì di speranza. "Mi sembra un'ottima idea!" disse. Con Tina che guidava la strada, si avventurarono più a fondo nella giungla, dove l'aria era densa del profumo di fiori in fiore e dei suoni di creature chiacchierone.

Durante il viaggio, incontrarono Benny il Babbuino, che oscillava di ramo in ramo. "Ehi, ciao!" chiamò, atterrando accanto a loro con un grande sorriso. "Cosa vi porta nella mia giungla?"

"Sono Leo, e sto cercando di ritrovare la strada di casa," disse il piccolo leone. "Io e Tina siamo in un'avventura!"

Benny rise. "Un'avventura, eh? Contami! Posso aiutare!" Cominciò a raccontare le barzellette più divertenti, facendo ridere Leo e Tina a crepapelle. Il suo umorismo sollevò i loro spiriti e ricordò loro che la gioia si può trovare anche nei momenti difficili.

Mentre navigavano attraverso la giungla, il trio affrontò varie sfide. Si trovarono di fronte a un ampio fiume con acque scintillanti che sembravano profonde e intimidatorie. "Come faremo a attraversarlo?" chiese Leo, sentendosi nervoso.

"Costruiamo un ponte!" suggerì Tina. "Possiamo usare rami e liane!" Con lavoro di squadra, raccolsero materiali e costruirono un ponte robusto. Benny fece ridere tutti con le sue buffonate mentre lavoravano, e quando finalmente attraversarono il fiume, Leo si sentì inondato di fiducia. "Ce l'abbiamo fatta!" esclamò.

Successivamente, incontrarono una collina ripida coperta di cespugli spinosi. "Ho paura!" ammise Leo, con il cuore che batteva forte. "E se ci facciamo male?"

"Procediamo lentamente e aiutiamoci a vicenda," incoraggiò Tina. Con Benny che guidava la strada, raccontando barzellette per alleviare la tensione, e Leo che spianava il percorso con le sue piccole zampe, attraversarono con cautela le spine, condividendo storie per mantenere alto il morale.

Infine, arrivarono in un bellissimo prato pieno di fiori colorati che danzavano al sole. Quando il sole si fece strada tra le nuvole, una luce soffusa illuminò i fiori. Leo guardò con stupore, sentendo un'ondata di ispirazione travolgerlo.

"Guarda!" gridò Benny, indicando il cielo. "I colori stanno tornando!"

Leo alzò lo sguardo per vedere colori vivaci vorticosi attorno alle nuvole, riflettendo la gioia della loro avventura. "Questo è fantastico!" gridò, con il cuore che traboccava di felicità.

Con nuova energia, Leo raccolse un bastoncino e cominciò a disegnare nella terra, creando immagini degli amici che aveva fatto e delle avventure che avevano condiviso. Realizzò che perdersi lo aveva portato a scoprire la bellezza dell'amicizia e l'importanza di essere fedele a se stesso.

Dopo una giornata piena di divertimento, Leo sapeva che era tempo di tornare indietro. "Grazie per tutto, Tina e Benny," disse, con il cuore colmo. "Mi avete mostrato che essere diversi è una forza."

Con l'aiuto dei suoi amici, Leo ripercorse i suoi passi, ritrovando finalmente la strada verso la savana. Quando arrivò a casa, raccontò entusiasticamente la sua avventura alla sua famiglia. Loro ascoltarono in soggezione mentre Leo raccontava come aveva imparato ad abbracciare la sua unicità e che il vero coraggio viene dall'interno.

Da quel giorno, Leo si sentì orgoglioso di essere se stesso, e il suo spirito avventuroso ispirò non solo la sua famiglia, ma tutti gli animali del regno. Si rese conto che ogni avventura era un'opportunità per scoprire di più su di sé e sul mondo che lo circondava.

E così, la storia di Leo il Leone Smarrito divenne una favola preziosa nel regno animale—un bellissimo promemoria che va bene essere diversi e che la vera amicizia e il coraggio possono portare alle avventure più meravigliose.

9 798224 123568